Jürgen Polinske

Erborgtes Licht

Gedichte

Erborgtes

Licht

Gedichte

Jürgen Polinske

und mit geborgten Worten

von den Brüdern Humboldt

Bibliografische Information der Deutschen Nationalbibliothek:
Die Deutsche Nationalbibliothek verzeichnet diese Publikation in der Deutschen Nationalbibliografie; detaillierte bibliografische Daten sind im Internet über http://dnb.ddb.de abrufbar.

ISBN 978-3-86870-228-6

www.rediroma-verlag.de
12,50 Euro (D)

Für die Eingeborenen dieser Erde

aus welchem Land auch immer

und für meine liebe M.

Humboldthaus in Havanna

Inhalt

Vor-Worte

Gedenkjahre - wie das den Brüdern Humboldt gewidmete - sind guter Anlaß, sich den Vorläufern moderner Naturwissenschaften auch ohne die übliche salbungsvolle Rhetorik zu nähern, sondern mit ihnen in einen staunenswerten poetischen Dialog zu treten. Jürgen Polinske hat dieses Wagnis unternommen: aufzuheben, was unterm Staub der Jahrhunderte verborgen ist; er läßt den Glanz Humboldtscher Sprache aufblitzen, die modern ist und uns Heutige ins Herz treffen kann. Indem er sich ihnen nähert, wird er in die Ferne auf Reisen geschickt. Die Humboldts sind ihm Begleiter und Führer, Erkenntnis und Vernunft schenken sie dem, der wachen Auges ihren Spuren folgt.

Mythologie spielt eine Rolle – von den alten Griechen bis zu den Überlieferungen der Indianer am Orinoko. Das ist oft anregend und aufschlußreich, hinterläßt gelegenlich auch nicht aufgelöste Rätsel.

Jürgen Polinske tummelt sich auf dem Feld lyrischer Beschreibung und verharrt in den schönsten Textes dieses Bandes in wortgewordener Empfindung.

Schon der Titel weist darauf hin, daß jede Generation ihr Dasein auch von der künftigen erborgt. Erst recht der Dichter, der weiß, wie sehr er auf den Schultern der Früheren steht, der sein eigenes als momentanes Gleichgewicht der Zeiten zu nutzen weiß. Jürgen Polinske kann das, weil er spürt, daß Vorläufer die Nachkommen auch an deren eigene Vorläufigkeit erinnern.

So navigiert dieser Band – reich (auch gedankenreich) illustriert – den Leser in eine Welt, die wenig Gewißheiten aber desto mehr Erwartungen kennt.

Klaus-Dieter Schönewerk

Berlin im Juni 2010

*****

Das Licht höhnte: „Ohne mich bist du sternlos Nacht, kalt und nur tiefste Schwärze.“

„Licht, wie freundlich, wie hell und wie warm du bist“, schmeichelten viele Dinge.

Die Nachtschattengewächse aber protestierten.

Der große Rest schwieg.

Die Nacht nahm Übel und verkroch sich im finstersten Winkel des Alls, stellte alle Tätigkeit ein.

Von nun an war immer Tag, war er unendlich, voll Licht. Niemand wusste mehr, wie lange der Streit zurücklag. Niemand wusste mehr, was ist Zeit.

Zuerst begannen die Schweiger zu murren. Dann verstummten die Schmeichler. Zweifel kamen auf, harte Kritik, vereinzelt lauter Protest, die Murrenden fanden Worte.

Dann begannen die schweigenden Schmeichler zu murren ...

Dem Licht blitzte urplötzlich Rebellion entgegen.

„Wie blendest du uns, wie brennst du uns, wie sternlos du bist!“

Das allerkleinste aller Lichter aber suchte die Nacht als Erster.

„Willst du, liebe Nacht, verzeihen, ich möchte dein Stern sein?“

Von nun an teilte das Licht ...

„Lichterscheinungen verkünden uns das Dasein der Materie in den fernsten Himmelsräumen.

Das Auge ist das Organ der Weltanschauung."

Alexander von Humboldt: „Kosmos"

„… Am Indus und am Ganges sieht man schwellen
der Rede Macht, wie ihres Strombetts Wellen,
aus grauem Alterthum hervor sich giessen,
aus Dichterbildern Weisheitssprüche spriessen;
allein des Herzens Sehnsucht tief nur stillet
der Thau, der Griechenlippen sanft entquillet."

Wilhelm von Humboldt: „Sonette 213"

Auf den Spuren, in den Spuren ...

Schritt für Schritt abzuschreiten, noch einmal – alles,
und ein drittes Mal in alle Welten schwirren,
entdecken, für sich, für Jeden. Im Falle des
Kreuzens bekannter Wege sich freuen. Irren.

Wo spurten die Humboldts nicht?

Gegen den Trend der Zeit

Gegen Spezialistentum

Stets an den Dingen

Nicht ohne Phantasie

Auf der Träume Geographie

Springend von Trauer zu Singen

Missachtend den Ruhm

Zwang nicht liebend und Neid

„Um sechs einhalb Uhr kamen wir am Thurm des Hercules vorüber, der Corunna als Leuchtturm dient, und auf dem man seit den ältesten Zeiten ein Steinkohlenfeuer unterhält. Bei Einbruch der Nacht …

Gegen 9 Uhr sahen wir das Licht in einer Fischerhütte von Sifarga, das Letzte, was uns von der Küste von Europa zu Gesicht kam.“

Alexander von Humboldt: „Natur- und Reisebilder“

*****

Nässe in Augen

Bricht Kanten

Den Grat

Spült das Licht weich

Das Herz verrät sich

Tropft Sätze

Flattert wie Licht

In meinen Augen

*****

Augen sind gierig, es darf die Totale sein
Doch ein Übermaß der Dinge ermüdet sie
Die Nähe dann, die Details, und die sehr fein
Erschaffen erst Erinnerung aus Phantasie

„Der Mond war noch nicht aufgegangen, aber der Teil der Milchstraße zwischen den Füßen des Centauren und dem Sternbild des Schützen schien einen Silberschimmer auf die Meeresfläche zu werfen. Der weiße Fels, auf dem das Schloß San Antonio steht, tauchte zuweilen zwischen den hohen Wipfeln der Cocospalmen am Ufer auf. Nicht lange, so erkannten wir die Küste nur noch an den zerstreuten Lichtern fischender Guayqueries: da empfanden wir doppelt den Reiz des Landes und das schmerzliche Gefühl, scheiden zu müssen."

Alexander von Humboldt: „Natur- und Reisebilder"

„Lichtend hängten wir eben den erzbeschlagnen Anker,
der eilenden Argo Zaum, an das Schiff; da ...“

Wilhelm von Humboldt

Seine Übersetzung

der vierten Pythischen Ode Pindars,

die 2. Strophe

Argonaut

(nach Seferis Mythistorima Δ)

„... und auch die Seele

soll sie sich kennen lernen

muß in eine Seele schauen ...“

Ich suchte auf Kreta nicht das Goldene Vlies,
wollte vom Land etwas sehen und Menschen ...
Ich liebe dies.

Gabriela – Reisebegleitung, noch jung, und
Antigone – Hoteldame, heftiger brennt ihr Elan,
beiden war Flackern, Widerschein im Augenhintergrund,
selbst bei jener Alten vor Mili, die den rechten Weg uns wies,
noch nach uns rannte, ihren Ausruhsitz verließ.
Wie sie hieß?

Als ein noch größerer Schatz als jenes Goldene Vlies
war mir vergönnt hinter Eingangstore zu schauen ...
Seither liebe ich noch mehr die Augen von Frauen.

Beieinander, in Knossos

Von Spree – Athen her komme ich
sehe Minos nicht, nicht Taurus
ein Labyrinth, ruiniert, das noch.
Ach Ariadne, wo hier find ich dich?

Ariadne, ach --- Liebste, wie kam ich drauf?
Kein Ende, kein Anfang. Nichts vom Faden –

Minotaurus

„Vielerlei fabelt von dir man, Columbus, …
als bei der Lampe der Nacht, … ein genuesisches
Mädchen, im Schlummer die Decke verrückend,
wandte von dir das Gesicht …
Jeglicher Hinterer hat zwei deutlich geschiedene
Hälften, und die unendliche Welt sollte
aus einer bestehn?“

Wilhelm von Humboldt: „An Columbus“

Die Entdeckung (1492)

Der Mann im Ausguck wußte

Er war der Beste

Darum hatte ihm der Admiral das Deck verboten

Er wußte

Sturmvögel lieben das offene Meer

Der soeben todmüde aufs Deck fiel

War keiner

Algenteppiche täuschen Landnähe vor

Der Mann im Ausguck war sich sicher
Man würde ihn Kielholen
Riefe er: „Ich rieche Land!"
Also
Warten bis der Dunst sich lichtet
Das viele Licht nichts mehr verbirgt

Nach Tagen,
Noch weiteren Stunden
Dann Vögel
Für die er
die Wendemarke war
Unter ihren Flügeln ein Duft
als harze der Mast
Der Mann im Ausguck
konnte sich auf seine Nase verlassen
wie bisher immer
Er war der Beste

Amerika lag in der Luft
lange vor dem Ruf
„Land in Sicht!"

„Zwischen Madeira und der afrikanischen Küste hatten wir gelinde Winde oder Windstille. Wir wurden nicht satt, die Pracht der Nächte zu bewundern; nichts geht über die Klarheit und Heiterkeit des afrikanischen Himmels. Wir wunderten uns über die ungeheure Menge Sternschnuppen, die jeden Augenblick niedergingen."

Alexander von Humboldt: „Natur- und Reisebilder"

III.

kreuzfahrt

(aus dem Zyklus „Ägypten", 2001)

1.

das schiff schaukelt uns sachte voran

nachts von kom ombo bis aswan

ein stern nur fällt uns in dieser nacht

ein wunsch nur ist seine fracht

mit der bugwelle rauscht lüstern der nil

plätschert geheimnisse vom ziel am ziel

„So ist der Mensch nie mehr,

als er Kraft hat zu lieben.“

Wilhelm von Humboldt

an Karoline von Dacheröden

Dessau, 15.Januar 1790

2.

und wer sein glück bisher nicht gefunden

darf den skarabäus in karnak

dreimal umrunden

Formen von Kometen. 1. Komet von 1577, beobachtet von Cornelius Gemma. 2. Komet von 1680 nach J. C. Sturm. 3. Komet von 1769.

Kometenformen

„Die veränderliche Lichtstärke der Cometen ist nicht immer aus der Stellung in ihrer Bahn und aus ihrer Entfernung von der Sonne zu erklären. Sie deutet gewiß bei einzelnen Individuen auf innere Processe der Verdichtung und erhöhten oder geminderten Reflexionsfähigkeit des **erborgten Lichtes**."

Alexander von Humboldt: „Kosmos"

„... der Weltgeist verschone uns aber mit den kalten, rauhen Planeten mit erborgtem Licht ..."

Wilhelm v. Humboldt: „Sonette 502"

„Vom 22. Breitengrad an fanden wir die Meeresfläche mit fliegenden Fischen bedeckt; sie schnellten sich 12, 15 ja 18 Fuß in die Höhe …

aber ihr elendes Leben wird ihnen dadurch nicht leichter gemacht. Verlassen sie das Meer, um den gefräßigen Goldbrassen zu entgehen, so begegnen sie in der Luft den Fregatten, Albatrossen und anderen Vögeln, die sie im Flug erschnappen.

So werden an den Ufern des Orinoco Rudel von Cabiais, wenn sie vor den Krokodilen aus dem Wasser flüchten, am Ufer die Beute des Jaguars."

Alexander von Humboldt: „Natur- und Reisebilder"

Jaguar-Schlange

I.

Es starb der Bienengott zu bittrem Honig

Feuer fraß verschiedene Grün

eines edlen Steins Facetten, gefasst in Weite

In Feuerfarben wuchs der Mais

Perlenschweiß glänzte scharfe Schokoladenhaut

Limonensuppenduft durchwirkte

Yucatans blaue Himmelszeiten

Es durchstreiften Jäger diese Welt

mit Pfeilgiftzähnen

-

Ein verschreckter Quetzal fliegt

und Federn blieben zwischen Krallen ...

II.

Den Python aus Menschen am Pyramidenfuß

drängt es zur Höhle

Im Glühfadenlicht funkeln Augen

teakholzdunkel

und im tiefen Rubin

leuchtet ein Fell -

Der Jaguar ruht

Pythia

Vom Landesinnern, die Hänge hinab

sind Fallwinde thymianwarm

Vom Meer her, durchs Tal die Gipfel hinauf

eine salzfrische Brise

Der Küsel-Hauch über den Vertiefungen des Dreifußes

lüftet

leichter Atem, Seidenschleier aus Jahrhundertstaub

was den verschiedenen Grün eingeschrieben

wie viele es sind

wie Steine so viele und hat

dem Schweigen anvertraut

weichen Steine den Füßen, weichen sie nicht

brechen Menschen Grünes

Verständnis für feinste Laute ist anscheinend nirgends

im Tal nicht, auf Gipfeln, nicht hier

Die Stimme;

Ich hör sie im Hauch und Zischeln im Gras:

„Du zerstörst deinen großen Traum ...“

Diesen Rat, dank ich mit ...

„Noch hat mich in Ihrem Briefe die Stelle über das Geschichtliche sehr beschäftigt, aber der meinige ist schon überlang geworden, und zu große Länge der Briefe thut leicht ihrer Häufigkeit Eintrag und doch wünsche ich herzlich, nach so langem Schweigen, dass wir von jetzt an oft voneinander hörten. Erfüllen Sie, verehrtester Freund, diese Bitte …"

Wilhelm v. Humboldt: An Goethe

(Tegel, 6. Januar 1832)

Epidaurus

Ein sorgloser Morgen, heilsames Licht, breitbrüstige Bäume
Von weit leuchtet das Meer
harmlos, sich selbst genug
Himmel sein Spiegel
Du zu mir:
Springe zum Punkt, schnell
Deine Vorstellung
Flüster mir etwas
Vom Punkt sehe ich auf leere Ränge
Sehe das Grün der Anhöhe drüben
Asklepios rief hier seine Liebste einst
Stand sie wo Du jetzt?
„Du“ flüstere ich, und „ich“ noch, und „wir“
Du nickst

... y niña azul

„Die Sprache hat kein süssres Wort erfunden,

als wenn vertraulich **D u** die Lippen sagen,

bald zuversichtlich nach beglückten Stunden,

bald schüchtern, wenn sies, kaum erst hoffend, wagen …

Dem **D u** entspricht ein **I c h**; man fühlt ein Wogen …"

Wilhelm von Humboldt: „Sonette 290"

„Humboldt (Wilhelm) spricht über das Französische und das Deutsche wie über seinen Bruder und sich selbst.

Wörtlich zitiert er, was Therese Forster schon 1790 über Alexander gesagt hat: „Der Mensch hat mehr Verstand wie Geist“ (Br. I, 342) …

Es scheint als seien die beiden Brüder typische Ausgestaltungen unterschiedlicher Nationalcharaktere.

So jedenfalls sieht es Wilhelm von Humboldt, während er sich seiner eigenen „Deutschheit“ vor allem in Frankreich bewusst wird.“

Manfred Geiger

„Die Brüder Humboldt - eine Biographie“

„Alexander ist unruhig. Ständig schmiedet er neue Reisepläne.

Er möchte nach Griechenland und Korfu. Auch Petersburg lockt ihn. „Alle europäischen Länder gehen ihm im Kopf herum."(Br.II,231)

Am liebsten möchte er überall zugleich sein.

Alexander soll seine „Deutschheit" behalten! Das ist Carolines sehnlichster Wunsch. ... Unterstützung erhofft sie sich von ihrem Mann. Wilhelm soll seinem Bruder ernsthafte Briefe schreiben, ...

Das ist nicht einfach. Denn Alexander schneidet Grimassen, wenn er die brüderlichen Ermahnungen liest, das Vaterland zu ehren."

Manfred Geiger

„Die Brüder Humboldt - eine Biographie"

„zwei hölzerne Stühle im Mondlicht ...“

Musik und Kreta sind Eins
immer

Alle Liegen sind frei
Ein Angestellter rückt sie gerade
befreit sie vom Sand soeben
zugeknöpft, denn
kühl ist der Morgen
Wir, noch schlafwarm
wollen Eins sein im Meer

Wasser, Wind, Land –
eine Komposition
die nach Salz schmeckt
auf und abwellt, plätschert
zum Rot-Ton trübt den Blick
mit Hausduft vermischt die Frische
Liegen blitzen im Sichellicht

Und als ob sie die Melodie kennen
besinnen sich Lippen
summen sich näher
beginnen für einander zu brennen

„Deux chaises en bois au clair de lune ...“

La musique et Crête font toujours un

Toutes les chaises longues sont libres
Un employé les met droites, les libère
Du sable juste collé, car le
matin est frais
Nous, encore dans le sommeil,
voulons être unis dans la mer

L'eau, le vent, le pays -
une composition
au goût salé
qui va et vient, clapote
la vue se brouille de rouge
mélangée à l'odeur de fraîcheur de la maison
Des éclairs de croissants lumineux se reposent

Et que vous connaissiez la mélodie
Ou non, les lèvres s'accordent
Bourdonnent plus proche l'une de l'autre
Commencent à brûler l'une pour l'autre

Übersetzt und nachgedichtet : Pascal Glavier

Der Sinn der Einfachheit

Es ist nicht einfach eine Auswahl zu treffen

Die Vielzahl einfachster Dinge

Warum ist sie so groß?

Ein Stück Stein aus der Stadtmauer

Obst, nur welches? Vom Markt?

Die Mondscheinspur in Septembernächten

Vergessenes Spielzeug am Strand

Der Tisch im Kaffeneon ist besetzt,

bis auf die zwei Plätze

Für uns?

Ich streichle der Wirtin die Hand

Simplicity

It is not easy to make a choice

The multitude of simple things

Why is it so large?

A piece of stone from the town Wall

Fruit, but which? From the market?

The trace of moonshine on September nights

Forgotten toys on the beach

The tables in the neon café are occupied

But for two seats

For us?

I caress the landlady's hand

Übersetzt und nachgedichtet: Ann Rupp

Beim Gehen, Verlassen

Für Georgia T.

Nicht zu herrschen
kein Satrap sein
zu schauen kam ich
wenn möglich
vom Geist des Ortes etwas erfahren
Delphi –
der Name steht dafür
Ich begehrte nicht all diese Dinge
die nur begehrlich machen

Das Nichtbegehrte bekam ich:
Schweigen
... und es weint meine Seele

While walking, abandoned

For Georgia T.

Not to be a satrap

I came to look and

If possible

To find out from the spirit of the place

Delphi –

The name reveals all

I do not desire all these things

Which only make one want more

I became the undesirable:

Silence

... and my soul weeps

Übersetzt und nachgedichtet: Ann Rupp

*****

Und doch hat mein Herz ein Paar Augen:

Im Salzwind Profil gewonnen
Auf sieben mal sieben Hügeln
Vom Tejo gerahmt
In ihn verliebt
Lisboa
Aus neuer Welt erwachsen
Triumpfbogengleich
Durch ein Beben gebrochen
Glanzvoll war eine Zeit und glücklos dann

Die Stadt ist voll Schwermut und scheu
Abends singt sie Saudade bis in den Morgen
Ist in blinzelnder Sonne jugendlich wieder
Mit Salzwind in allen Poren

„Das große Erdbeben, welches am 1. November 1755 Lissabon zerstörte und dessen Wirkungen der große Weltweise Immanuel Kant so trefflich nachgespürt hat, wurde in den Alpen, an den schwedischen Küsten, in den antillischen Inseln (...), in den großen Seen von Canada, wie in Thüringen und in dem nördlichen Flachlande von Deutschland in kleinen Binnengewässern der baltischen Ebenen, empfunden.

Ferne Quellen wurden in ihrem Lauf unterbrochen, eine Erscheinung bei Erdstößen, auf die im Alterthume schon Demetrius der Kallatianer aufmerksam gemacht hatte.

Die Teplizer Thermen versiegten und kamen, alles überschwemmend, mit vielem Eisen-Ocker gefärbt, zurück.

In Cadix erhob sich das Meer zu 60 Fuß Höhe, während in den kleinen Antillen die, gewöhnlich nur 26 bis 28 Zoll hohe Fluth urplötzlich dintenschwarz 20 Fuß hoch stieg."

Alexander von Humboldt: „Kosmos"

Sayil,

Kabah und weiter

Sayil kennt rote Erde
Eine Insel im unendlichen Kalksandsteinmeer
Entflammt von Feuerblüten

Erwachsen aus weißen Blüten
Voll schwarzer Früchte schwer
Hängt der Maya heiliges Kreuz
Die Ceiba
Der Baum, der nah am Phallus steht

Fast am Rand in dessen Schatten
Die Blume Sauerklee unscheinbar
Angeweht wie Luft
Gewitterfrisch
Und traurigblau

Kabah´s Chaan

wie im Mayakalender so oft an der Zahl

Malerisch seine Masken und monströs

Breit sind die Straßen

Weit ist der Bogen

Sein Eindruck sein Durchblick

zeigt Größe

Die Blättersonnen dagegen so winzig

Sie tanzen wild in der Farbe von Licht

Die unendlich vielen Schmetterlinge

In verwirrender Vielfalt

so nah am Beginn des Weges

zur Zaubererpyramide in Uxmal

*****

Kein treffenderes Wort

Blitzhelles Interesse
Zwischen Augenaufschlag und Lidersenken
So heftig, so wild
Meinen Augen

Umwege meidend
Klettern sie
An grünen Mangos vorbei
Und gelben und reifen
Zu Vögeln
In majestätischer Ruhe im Blau
Geiern, ins Licht
Gehen über Wolken
Die Ceiba hinunter in ihren Schatten
verweilen auf nachtschwarzem Haar

„Welche Farben der Vögel, der Fische, selbst der Krebse (himmelblau und gelb!).

Wie die Narren laufen wir bis jetzt umher; in den ersten drei Tagen können wir nichts bestimmen, da man immer wieder einen Gegenstand wegwirft, um einen anderen zu ergreifen.

Bonpland versichert, dass er von Sinnen kommen wird, wenn die Wunder nicht bald aufhören. ..."

Alexander von Humboldt:

„an Wilhelm, Cumana, 16.Juli 1799"

„Ich fühle wohl, wie sehr ein Amerikareisender gegenüber denen im Nachteil ist, die Griechenland, Ägypten, die Ufer des Euphrat oder die Südseeinseln beschreiben. In der alten Welt sind es die Völker und die Abstufungen ihrer Zivilisation, die dem Gemälde seinen Hauptcharakter geben; in der neuen hingegen verschwindet gleichsam der Mensch mit seinen Produkten inmitten einer wilden und gigantischen Natur."

Alexander von Humboldt:

in „Äquinoktial-Gegenden, 1814"

Siesta

(auf dem Markt in Xoximilco)

Plötzlich gähnt der Markt
Atmet tief durch
Ein Indiopärchen, ziemlich betagt
Verabschiedet sich von seinem Enkel

In einer offenen Tür döst ein Mann
Sombreros sind über die Augen gezogen
Niemand in dieser Hitze wünscht etwas zu verkaufen
Wir drehen noch eine Runde

Der Junge wacht wie ein Hund
In einem kindlichen Schlaf
Die Hände am Kopf in einer Hängematte
Zwischen Pfeiler und Klinke gespannt

Die beiden Alten
Erreichen soeben
Ihren Schatten
Am Ende des Wegs

„Der heiße Wasserdampf, welcher während der Eruption aus dem Krater aufsteigt und sich in den Luftkreis ergießt, bildet beim Erkalten ein Gewölk, von dem die, viele tausend Fuß hohe Aschen- und Feuersäule umgeben ist. Eine so plötzliche Condensation der Dämpfe und, wie Gay-Lussac gezeigt hat, die Entstehung einer Wolke von ungeheurer Oberfläche vermehren die elektrische Spannung.

Blitze fahren schlängelnd aus der Aschensäule hervor, und man unterscheidet dann (…) deutlichst den rollenden Donner des vulkanischen Gewitters von dem Krachen im Inneren des Vulkans."

Alexander von Humboldt: „Kosmos"

Vulkan aus dem Flugzeug

(Am 21.04 2004 an einem Ort in Mexiko, von dem aus der Vulkan zu sehen sein sollte)

Malinche – Marina
kein Vergleich

Malinche heißt der Vulkan
Marina – wie des Cortez Geliebte so auch
meine Liebe

Seine vollendete Form
seine Festigkeit im Fels
seine Flammen, sein Feuer
schrecklich schönes Geschenk

Sonne zeugt Schleier
Watteweich wabern Wolken, weit
am Horizont ist Dunst, Nebel, diesige Sicht
Von Malinche ist nichts zu sehen

Ein Ahnen bleibt, mehr Hoffen als Angst
Ein Ausbruch nützt mehr als zerstört
Eure innerste Glut

„Das Römermädchen"

Ich höre viel von meinen Vätern sagen …

„Das Griechenmädchen"

Auch meine Väter übten große Taten …

„Das Judenmädchen"

Zu Schmach sind meine Väter tief verdammet,

unter dem Fluch meines Volkes stehe auch ich,

kein Christ nimmt mich ungetauft …

„Das Israelitenmädchen"

Erbarmen abzuzwingen rohen Steinen:

nach Zions Fall sind wir der Knechtschaft Gottloser verfallen …

„Das Zigeunermädchen"

Von Indiens Bergen meine Väter stiegen:

Nach der braunen Hexe Liebe streben des Abendlandes Männer …

„Das deutsche Mädchen"

… ich darf mich dreist neben den Schwestern vom Tiber

und Ilissus sehen lassen, da auch mir die Ahnen …

Wilhelm v. Humboldt: „Sonette 380 bis 385"

Augen Lesen –

oder die Bibliothekspraktikantin

(für Frau de Gouverneur)

Zu Hause in Peru ist sie der Sonne nah

Berge dort ragen höher als meine hier auf

Was ich in ihren Augen brennen sah

schien Heimat zu sein, des Lebens Lauf

Ein riesiges Reich, fruchtbar, kein Hunger im Land

und doch nicht die gerechteste der Welten

Welch Untertan wollte seinen Herrscher schelten

den, der von allen der Inka genannt

Sie glüht, selbst wenn sie hinter Lidern mit den Augen rollt

Glanz, Augenleuchten, stärker noch als Inkagold

Erinnern flammt, wie Quipus brannten, vom Mais das Korn

Hitze wie vom Sabancaya, des Vulkanes Glut

Freiheit zu versuchen, des Lautarios Mut

und von Atahualpa auf sie gekommener Zorn

*****

Sommer im Land

Safterfüllt der Mangotraum

Melonenrot wie Kaffee süß

Und dunkles Brot

Die Sonne groß -

Sie schenkt dem Mais sein gelbes Lachen

Lava

9/2005 Santorin

Der Vulkan glüht nach im Inselwein

Tau ist Rebentrunk, Glanz gefangener Sonnenschein

Den Geschmack, bittersüß, schenkt das Gestein

Ein Gefäß für solch Getränk muß ein Krater sein

„Die Cueva del Guancharo öffnet sich im senkrechten Profil eines Felsens. Der Eingang ist nach Süd gekehrt; ...Auf dem Fels über der Grotte stehen riesenhafte Bäume. ....Pothos mit saftigen Stengeln, Oxalis und Orchideen von seltsamen Bau wachsen in den dürrsten Felsspalten, während vom Winde geschaukelte Rankengewächse sich vor dem Eingang der Höhle zu Gewinden verschlingen. ...Die Vegetation zieht sich in die Höhle hinein...Da wo das Licht zu verschwinden anfängt, hört man das heisere Geschrei der Nachtvögel ... Die Augen des (Guancharo) Vogels können das Tageslicht nicht ertragen, sie sind blau und kleiner als bei den Ziegenmelkern. Der Guancharo verlässt die Höhle bei Einbruch der Nacht, besonders bei Mondschein. Er ist so ziemlich der einzige körnerfressende Nachtvogel, den wir bis jetzt kennen; ..."

Alexander von Humboldt: „Natur- und Reisebilder"

Blaues, ursprünglich Blaues

Knossos
vor hohen Bergen
im Raum der offenen Türen
daß Wind hindurchgeht
an hinterster Hauswand
blau, wie um die Insel das Meer
die Delphine im Spiel

An anderer Wand
weit offen der Raum
daß Wind hindurchgeht im Spiel
Im Flug, zwischen Blumen gemalt, der Vogel
Blau, wie Himmel über Insel und Meer

Blau vermischt mit Grün
der Quetzal-Vogel - Edelsteinflug
sein Leben in Bergen, unterm Himmel, am Meer
am anderen Weltenende
offener Raum
daß Wind hindurchgeht im Spiel

Die Höhle des Guancharo

Bird of life

"Die Nacht vor unserer Ankunft in las Ajuntas brachten wir auf einer Zuckerpflanzung zu. In einem viereckigen Haus lagen gegen 80 Neger auf Ochsenhäuten am Boden. In jedem Gemach waren vier Sklaven, und das Ganze sah aus wie eine Kaserne. Im Hof brannten ein Dutzend Feuer, an denen gekocht wurde. Auch hier fiel uns die lärmende Lustigkeit der Schwarzen auf und wir konnten kaum schlafen."

Alexander v. Humboldt: „Natur- und Reisebilder"

Die Sklavin Jussufs bist du, Weib, geworden!
ertönet ihrem Ohr der Schreckenslaut.
O! leicht ist's, seufzt sie, Menschenglück zu morden,
doch schwer und überschwer wird's aufgebaut.
...
Die Hände lässt er ihr in Ketten legen,
die sind gemacht an seinem Sattel fest...
wie strohalmbreit sie nur den Pfad verlässt,
muss sie aus Armes Kraft den Speer gleich fühlen;
...
Sie blickt hinauf. Von allen goldnen Zeichen,
spricht sie, erwähl' ich dich, Andromeda.
Dir kann die dürftge Sklavin sich vergleichen,
da Ketten auch dein himmlisch Auge sah.

Wilhelm von Humboldt: aus

„Die Griechensklavin"

Kraftstoffgemisch kubanisch

Kuba 1999

Sklaven durften Zuckerrohr pflegen
ernten (hieß schlagen)
schwitzen, schuften, sterben
an allen Sonnenstunden jeden Tag
Zucker aber süßte nie
die Handvoll Reis in der kleinen Schale
im Flackerfeuerlicht hingestreckt
von zittrig vielen Händen
den einen Topf zu leeren
Ruhe dann Barackennacht

Am Morgen noch bevor die Sonne trifft
und der erste Schlag das Zuckerrohr
war ein Trunk erlaubt
Zucker(Honig)-Zitrone-Minze-Rum-Gemisch
Das bietet Kubas Süden heute den Touristen an
und schmeckt verflucht noch einmal
herrlich

Kap San Vicente

Portugal im Mai 2008

Die letzte Bratwurst vor Amerika
steht es werbend am Stand
Der Wind hier drückt landein, jeden Geruch
Von der silbernen, nur für Augenblicke goldenen See
kommen Frische und Algen
Ich schmecke Salz auf den Lippen, Sand aus Afrika
eine Spur Mango, Kakao und Tomaten
Vanille mischt sich mit meiner Liebsten Duft
dem Erinnern an Lusitaniens zarte Barbarin
von damals und
den beißenden Schweiß von Sklaven

Schwer von Verheißungen
weht mir der Wind entgegen
Nur wer gegen ihn kreuzt
erreicht das Meer hinter dem Meer

Ich stemme mich vorwärts
zum Klippenrand hin
Der Wind jedoch drückt mich
ins Land ...

Ureinwohner Amazoniens:

„Ohne Wald sind wir nichts!"

Deutsche Zungen:

Da steht im Wald geschrieben
Ein stilles, erstes Wort,
Von rechtem Tun und Lieben,
Und was des Menschen Hort.

Ich bin das Moos auf deinem Grund
und bin der Hirsch, der dich durchsteigt,
und bin dein schönstes Vogellied
und bin die Nacht, die dich beschweigt:

dir mit Käfersternen glühend blinkt
Die Mücke, die singend um die Ohren schwebt
Wie Sehnsucht, die vom Blute lebt
Und dir von deinen Poren trinkt.

Biete Pilz und Beere, gut und schlimm
Dämmerduft und Regenschutz und Schattenkühle
Und noch vom fernen Feld die Mittagsschwüle
Nehm auf mich des Blitzes wie des Feuers Grimm

Aus meinen gespentisch Geisterballaden
Wurden Wiegen, die Träumer gewiegt,
wurden Schiffe voll Goldglanz und Pulverschwaden,
davon manches im Meere schon liegt.

Ich bin der Wald –
Unverstellt, kann nicht tauschen
Was hab ich mit Menschen im Sinn?
Liebe jung mich, mit Vernunft, wenn ich alt
Höre ewig mein Blätterblut rauschen:
Komm, zu mir komm und nimm. [1]

---

[1] Eichendorf, Morgenstern, Dauthendey, R. Ausländer, R. A. Schröder, A. Schnack

Der Flammenbaum

Flamboyam

Blüten züngeln mit dem Wind
Feuerschirme erwachsen der Stadt
Himmel darüber gespannt, blau, matt
Oaxaca – die Provinz beginnt

Hier erhitzt mich diese Farbenglut
Das Flammenrot im Häusermeer
Die warme Luft so rauchlos schwer
In den Alleen wächst Sonnenmut

Der vermag von Monte Alban bis Yucatan
Zu harmonieren mit dem Blau, zu streiten
Blicke zu bannen, die nicht strafen

Mich am Herzen zu zwicken. Und angetan
von diesem Land in seinen Blütezeiten
lässt sein Brennen mich nicht schlafen

Die Yaquantara

Und da leuchten uns Blüten in diesem Blau
dem unbekannten der Eroberer Augen
wie wir ´s an heimatlichen Himmeln glauben
die See uns glänzt, das Haar der Meerjungfrau

Sie reiben sich warm am Gelb des Strandes
Der leise Ozean und die Karibik wild
Verlieren schlicht ihr kühles Fliederblau
Das an den Straßen wächst dieses Landes

„Die Otomaken essen Erde, das heißt sie verschlingen sie mehrere Monate lang täglich in ziemlich bedeutender Menge, um den Hunger zu beschwichtigen, ohne das ihre Gesundheit dabei leidet.

Übrigens sind die Otomaken nicht das einzige Volk am Orinoko, ... zwischen den Einflüssen des Meta und des Apure spricht Jedermann von der Geophagie als von etwas Altbekanntem."

Alexander v. Humboldt: „Natur- und Reisebilder"

Stillen

Hochzeit ist gerade oder Gottesdienst und
Abend wird es als wir die Kirche betreten
Vorn ist kein Platz. Wir sind nach hinten gebeten
Aus Dunklem schauen wir ins Kirchenrund

Die Betende, die Maya, fast berühre ich sie
so nah sind wir uns. Um sie herum
bleibt nicht eine Sekunde stumm
quengelt ihr Kind, schlägt mir ans Knie

Gottesworte, ja, sie sind von Gewicht
können die Gemeinde erregen
die kniend erwartet den Segen
Das Kind beruhigen sie nicht

Blumenmädchen

Don´t give up

They refuse you,
They block your ways,
But don´t give up!

They misunderstand you,
They misjudge you,
But don´t give up!

They ridicule you,
They misperceive you,
But don´t give up!

Don´t give up
For your soul lives
Only with the Light
You carry inside your heart;

Don´t give up

Gib nicht auf

Sie lehnen dich ab
verbauen dir Wege
Halt durch!

Sie verstehen dich nicht
verkennen dich ganz
Halt durch!

Sie haben Spott nur für dich
nehmen dich nicht einmal wahr
Den Kopf hoch, halte durch

Gib nicht auf
denn deine Seele lebt
nur vom Licht
das du im Herzen trägst

Halte durch

For you will kill your soul	du tötest sonst deine Seele
Without hope!	wenn Hoffnung dir stirbt
Don´t give up	Halte durch
My friend,	mein Freund
Until your Light grows	bis dein Licht wächst
Stronger and stronger,	stärker und stärker
Until the point of no return.	hin zum Punkt der Nichtumkehr

Lida Sherafatmand

July 2006

Jürgen Polinske

D. u. G. Pumphrey

2007

*****

Die vielarmige Göttin
Wie ich sie liebe
Sie kann alles zugleich

Streicheln und
Tränen trocknen. Trösten
Spielend durch Haare gehen

Brot reichen und Wasser
Zur Achtung den Finger heben
Zur Bitte falten gleich mehrfach die Hände
Blinden die Führung sein

Mitklatschen das Lied
Rhythmen und Reime taktieren
Ruhe erheischen, sich öffnen
Mutig ballen alle Hände zur Faust

Meine nur zwei Hände
Sie soll sie haben
Ganz

„…Dass von dem Himmel sey auf Erden Kunde, steht sie mit allem Irrdischen im Bunde.

…

Ein großer Dichter sagt, dass man „die Sterne begehre nicht, sich ihres Lichts nur erfreue[1]

…

Man liebt die fernen Sterne hier auf Erden, dass durch

des Grabes Nacht sie Leiter werden…"

Wilhelm von Humboldt: „Sonette 211 u. 212"

[1] Goethe Trost in Tränen (Werke 1/87 weimarsche Ausgabe)

Zwei L. und noch eins

Drei rote Nelken
Am zweiten Sonntag
Im Januar jeden Jahres
Die eine für L.
Die andere für L.
Und die dritte
Für das L.
Einer Rosa, der Frau unterm Dach und
Der, die das Licht in Augen versteht
Und für Karl und für Nicos und den
Der allen reicht
Die offene Hand

Über den Gipfeln

Für Victor Jara

Das Brennen zerstochener Hände

In der Sonne in dünner Luft

Die Klage zerrissener Saiten

Im Wind um felsige Grate und Spalten

Das splitternde Gitarrenholz

Im Frost des Eises am Gipfel

Der Kolbenschlag auf die Gurgel

Im Schrei des Kondors darüber

Kein Scherge erreicht diesen Ort

Josè Marti

Nicht Unschuld deine Blume
Doch Weiß, so hell und
Heiß blüht sie mir
Wie heiß glühte dein Blut

Dornenlos ist deine Rose
Schwarz glüht ihr Herz
Du fochtest für Kuba
Dass Blühen werde und Brot

„Auf dem Bergrücken von Mittel-Asien zwischen dem Goldberge oder Altai und dem Kuen-lün, von der chinesischen Mauer an bis jenseits des Himmelsgebirges und gegen den Aral-See hin, (…), breiten sich, wenn auch nicht die höchsten, doch die größten Steppen der Welt aus. …

Die Vegetation der asiatischen, bisweilen hügeligen und durch Fichtenwälder unterbrochenen Steppen ist gruppenweise viel mannigfaltiger als die der Llanos und Pampas von Caracas und Buenos Aires.

Der schönere Theil der Ebenen, … ist mit niedrigen Sträuchern üppig weißblühender Rosaceen, mit Kaiserkronen (Fritillarien), Tulpen und Cypripedien geschmückt.

Wie die heiße Zone sich im ganzen dadurch auszeichnet, daß alles Vegetative baumartig zu werden strebt, so charakterisirt einige Steppen der asiatischen gemäßigten Zone die wundersame Höhe, zu der sich blühende Kräuter erheben: … Wenn man in den niedrigen tatarischen Fuhrwerken sich durch weglose Theile dieser Krautsteppen bewegt, kann man nur aufrecht stehend sich orientiren, und sieht die waldartig dicht gedrängten Pflanzen sich vor den Rädern niederbeugen.

Einige dieser asiatischen Steppen sind Grasebenen; andere mit saftigen, immergrünen, gegliederten Kali-Pflanzen bedeckt; viele fernleuchtend von flechtenartig aufsprießendem Salze, das ungleich, wie frisch-gefallener Schnee, den lettigen Boden verhüllt."

Alexander von Humboldt: „Natur- und Reisebilder"

„Sibirien ist die Fortsetzung der Hasenheide bei Berlin.“

Alexander von Humboldt: an E. L. v. Gerlach,

Potsdam, Schloss, 22. April 1846

Die Herrin des Kupferbergs

Blauer Wind in grünen Zweigen
Türkis winkt so
Und blinkt Smaragd

Aquamarine sind bemüht
Kupfer blüht auf im Malachit
Als der Herrin Blume

Vor Märchenzeiten noch; Sie zeigte sich
Ihren Fuß und Ihre Krone
Liebenden auf Ihrem Berg

Die Echse macht sich rar
Herrenlose Berge im Ural?
Schwach Grün die Zweige
Lichtblau der Wind

Rostow Weliki,

Ein edler Stein. Im goldenen Ring

Sein Kreml, die Festung
Ist Schloss
Ist Kloster
Ist Kirche
Alles in einem

Zug und Druck
Verknotete Seile und ein Pedal
Hand und Fuß
Bringen die Glocken in Schwung
Vier Menschen läuten sie nicht
Sie orchestrieren Sinfonien
Im Urton des Glaubens

Vom Haus ist der Lack ab
Ab muss der Lack von den Ikonen
Um vorzudringen zum Meister
Der vielleicht ein Rubljow ist, Andrej

Valentina Schmidt

ТЫ ЗАРЯ МОЯ

Ты – заря моя алая,
Ты и ранний рассвет,
Ты любовь запоздалая
И звезды дальний свет.
На пути моем встретился
Словно пламя и лёд.
А звезда только светится
И тепла не даёт.

Du, meine Morgenröte

Mein sich Röten, Du Morgenlicht
Du – die zeitigsten Triebe
Du – verspätete Liebe
und des Sternes fernes Licht
Auf meinem Weg vereint
sich Flamme mit Eis
und der Stern erscheint
mit seiner Gabe, nicht heiß

übersetzt u. nachgedichtet: J.P.

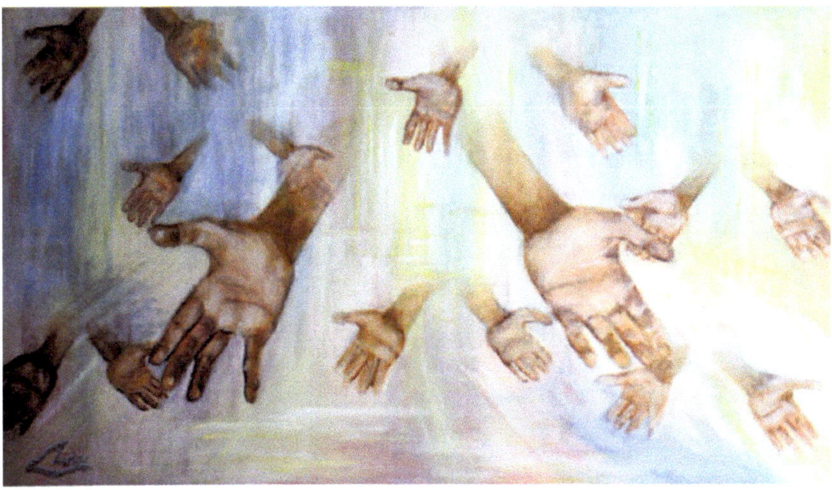

Hands of friendship

Alfred Khordokovski

aus „Offenbarung“

*****

В тот самый час, когда в безбрежном море
блуждал ковчег велением Творца –
единственный на всём земном просторе,
раздался голос Ноя-мудреца:
Пусть вольная нам путь укажет птица:
она в полёте к берегу стремится!

...Сегодня мы с тобой - в безбрежном море,
и ветер злой полощет паруса.
Но мрак окутал водные просторы -
и птицы не взлетают в небеса.

*****

Genau zur Stunde, als ein uferloses Meer war die Welt
bestimmte göttlicher Wille der Arche: „Schwimme!“
Damals erhob sich einzig Noahs Stimme
mit Weisheit den Rat bestellt:
„Der Vogel, der uns frei schwebt
weist uns den Weg, denn zum Ufer er strebt.“

...Gemeinsam heute – uferlos, Meer ist die Welt
und die Segel bläst böse der Wind
Und die Weiten des Wassers in der Finsternis sind –
Kein Vogel, der am Himmel sich hält

übersetzt: Ilse Hoppe

nachgedichtet: J.P.

Johann Keib

aus „Drei Minuten Stille“

***

Янтарь и золото рассыпала природа

На лес осенний, бесчувственно-немой,

И, огорчившись солнечной погоде,

Синь распыляет дождичек грибной.

А над рекою радуга-дуга в полнеба

Висит, опершись в нитку-горизонт.

Да в небе мрачном, чёрствой коркой хлеба,

Луна застыла пегая, как старый конь.

Берлин, 13.12.03

***

Gold und Bernstein streut die Natur
dem herbstlich Wald, gefühllos – stumm,
und Sonnenwetter wirkt verdrossen,
Pilze schirmen zersplittertes Azur.

Der Regenbogen den halben Himmel flieht
fußt verblüfft auf dem Faden-Horizont.
Ein Laib altbacken Brot vor düstern Wolken,
der Mond wie ein altes Pferd hinzieht

übersetzt u. nachgedichtet: J.P.

Lora Richter

Я ВСТАЮ ИЗ РАССВЕТА

Я встаю из рассвета
Туманной вуалью одета,
Искупав свои ноги в росе,
Что прохладной купелью лежит на траве.

Я встаю из рассвета,
Там нагая берёзка сиреневой
дымкой одета.
И щебечут в ветвях её звонко скворцы,
Что на крыльях седых мне весну принесли.

Я встаю из рассвета,
Где родная земля нежным солнцем согрета,
Где лучами надежды озаряется даль
И туманом ночным улетает печаль.

Я встаю из рассвета...

Berlin, d. 25.03.1996

ICH STEHE AUF AUS MORGENROT

Ich erwache aus dem Morgenrot,
nur Nebelschleier sind mein Kleid,
der Tau netzt meine Füße,
der auf Gräsern liegt taufbeckenkühl.

Ich stehe auf im Morgenrot,
der Birke Blöße dort verschwimmt im Fliederdunst.
Von ihren Zweigen Stare mir verkünden
den Frühling unter ihren Flügeln.

Ich stehe auf im Morgenrot,
seh Sonne Heimaterde wärmen,
Hoffnungsstrahlen glänzen die Ferne
und Trauer verfliegen wie die Nebel der Nacht

Auferstehe ich aus Morgenrot...

übersetzt: Elena Marburg

nachgedichtet: J.P.

Marina Averbuch

„ВНАЧАЛЕ БЫЛО СЛОВО"

Учу язык - чужой, но не враждебный.

Как будто кто заклятье наложил...

Как будто кто - приворожил,

Иль по статье провёл судебной!

Учу слова...И буквы... Предложенья...

Ища ассоциаций связь и нить.

Как будто в день святого сотворенья

Я слышу „СЛОВО"...

Значит - „БУДУ ЖИТЬ!"

И удивляюсь Мудрости ЕДИНОЙ,

И свечи ставлю ВСЕМ Богам;

Вокабулы... Катрены и Терцины:

Какое счастье быть понятным вам!

Какое счастье - душу раскрывая,

Уверенной остаться навсегда,

Что в каждом доме есть кусочек Рая!

И вместо „НЕТ"

ты будешь слышать – „ДА!"

Am Anfang war das Wort

Meine Zunge übt - Nichts Feindliches mehr
an der fremden Sprache als zauberte wer ...
lägen Beschwörungen darauf,
ein Urteil schwer!

Ich lerne – Buchstaben, Grammatikzwänge ...
suche Verbindungen, Zusammenhänge.
Und wie am ersten aller Tage eben
hör` ich „das Wort“ ...
Das meint – „Ich werde leben!“

Ich bewundere Weisheit, die Eins mit Herzen
Ich hab für alle Götter Kerzen;
Vokabeln – in Terzinen, in vier Zeilen:
Glück – bin ich verstanden!
Seelen öffnen – welches Glück,

Und immer sicher sein
jedem Haus vom Paradies ein Stück!
Und statt des „Nein“ so klar
hörst du ein „Ja!“

übersetzt u. nachgedichtet: J.P.

Stanislav Lwowisch

aus „Hundertverse“

НАЧАЛО НАС

Господь не долго нас творил;
Из трубки пепел уронил,
Чуть поплевал,, растёр ногой
И спать пошёл *к* жене, другой!

А из божественной слюны
Возникли тигры и слоны.
Ползущий род и род летящий.
Растущий и живородящий!

И ты, дружок, возник оттуда,
Считай, что это тоже чудо!!!

Unser Anfang

Der Herr für uns brauchte wenig Zeit
Als Asche fiel, sein Pfeifchen schmauchte blau
spukt er drauf, mit seinem Fuß zerrieb er's breit
Dann ging er schlafen, nur mit welcher Frau?

Asche, Speichel, göttlich die Mutanten
Tiger wurden und die Elephanten
vegetativ, gebärend, Leben setzt sich fort
Freundchen, auch du entstammst von dort

Denk, denk nicht, Wer und Was du bist
Ein Mensch für sich bereits ein Wunder ist

übersetzt u. nachgedichtet: J.P.

„Die Sprachen von Menschen, die ihrem Ausdruck diese Klarheit, diese Stärke und Lebendigkeit zu geben verstehen, können der Aufmerksamkeit der Sprachforscher nicht unwerth seyn. …

Der blühende Zustand des Mexicanischen und Peruanischen Reichs ist bekannt, und dass mehrere Völker in Amerika einen höheren Grad der Ausbildung erlangt hatten, zeigen die Spuren alter Cultur, die man zufällig von den Muiscas und Panos aufgefunden hat...

(A.v. Humboldt.Monumens des peuples de l' Amerique)"

Wilhelm von Humboldt: in „Ueber den Dualis"

Aladin

Sechzehntausendmal
Sind meine Finger im Spiel
Sechzehntausendfach
Streicheln sie behutsam
Ich putze das alte Geschirr

Sechzehntausend Kilometer
Getrennt von einander
Sechzehntausend Fuß
Geröll auf dem Weg zum Himmel
Ich träum Machu Picchu und Lhasa

Ich träum Lhasa, Machu Picchu vertauscht
Sechzehntausendfach
Verneigt sich, küsst ein Pilger die Anden
Sechzehntausendmal
Vergebliche Suche einen Kondor zu sehn

Ich putze das alte Geschirr
Streichle, spüre, erspüre ...
Schweigen meine Wünsche
Sechzehntausendmal

Eis_en

Arkebuse contra Keule

Die Eisenkugel zersplittert Obsidian

Die Garrotte den Blutfluss gefriert und

Die Quipus im Feuer

Vereisen in den Augen das Licht

Offene Gitarren

(nach Lorca)

Auf verborgenen Wegen
Lassen sie Träume weinen
Silberne Streifen
Zeigt Zigeuner dein Haar
Leuchtende Ahnen
Im Rappenschweif der Nacht
Sind selbst die Hufeisen schwarz

-

Schergen. Düstere Leute
Schleichen auf deinen Wegen
Schlagen zu in der Taverne
Sind Gitarren der Tod

-

Im Sand begrabt mich
Nicht im Humus ihres Landes
Zwischen Minze und Orangen
Silberne Streifen
Die seidenen Saiten
Erschlagener Gitarren
Auf offenen Wegen
Weinen die Träume

Money make ...

Als Heuhaufen noch Brüste waren in der Landschaft

Grannen noch am nächsten Tag erinnerten die Nacht

Das Feld die Kraft ins frische Brot für Sonntag gab

Duft kleiner Blumen länger hielt

Als alle großen Reiche jemals hielten

Das war

Als Zeit noch Zeit zum Leben hatte

Marx

I. Einen Buchstaben schreiben

Das erste Wort lesen, einen Satz

Und in den Augen wächst Licht

Eine Erleuchtung die wärmt

Machtvoller wird als erste Liebe

II. Zerschlagen die Finger

Die einen Griffel hielten

Geblendet die Augen

Die Buchstaben reihten

Ihr Licht verbrannt

Und die Zungen gekürzt

Die nicht lobten

Eisigfrostige Liebe

Des Einzigen

Herrn

III. Liebe war nicht sein Problem

Liebe ist ein Problem

Das er uns

Heute zu lösen

Überließ

Hikmet gelesen

Heute ist Sonntag. Sonntag ist nicht

Heute ist Himmel

So weit von mir. So Grau vor dem Blau

Geschlossene Helle

Ich steh

Mit dem Rücken zur Wand

Gab alles. Aus vollem Herzen

Aber eine Münze - ist es nicht

Bruchsilber, vielleicht

Ein Stück für China. Eines den Griechen

Den Armeniern, den Russen, den Zyprioten

Und Amazoniens Indianern auch

Ich steh

In einem Augenblick Pause

Den Apfel, diesen roten Apfel in der Hand

Kein Kampf. Geerdet die Sonne und

Ich glücklich

Dass Freitag

Das Heute

Nicht Sonntag ist

Valer un Potosi

Auf Quetchua: Lärm

Natur kennt weder Lob noch Dank
Ihr Grün verlor die Sierra Nevada
Verbaut und versenkt: Die Große Armada
Vom Silber wurde Spanien so krank

Nach Blauholz kam Kupfer in Mode
Salpeter nach Zucker und Sisal
Den Vielen verblieben die Mühsal
Der Schweiß, Hunger, frühzeitige Tode

Vergiftete Wasser, Luft voller Gestank
Versiegelte Ufer, La Oroya ohne Licht
Die Berge verätzt, nur noch taubes Gestein

Nerudas Zwiebel tränt nicht mehr rein
Ach, Erde, so ernährst du uns nicht
Ohne allen Tadel, ganz ohne Zank

Pause, sagt bb

Der kräftige Mann
Sein dünnes Hemd offen
Sitzt barfuß
Mit Fragezeichen im Blick
Seine Haltung sagt
Abdampfen
Bauarbeiterpause

Leg den Finger auf jeden Posten
Galt und gilt und im Moment
Hat er den Daumen im Buch
Sinnt zeitlos
Welcher Frage nach?

aus „Denkmale“ in Berlin,

Hänselstrasse, vor der Schule

„Sie sagen mir in ihrem freundlichen Brief, dass meine Art, die Natur der heißen Zonen zu studieren und zu zeichnen, dazu beitragen konnte, in Ihnen den Eifer und das Verlangen nach weiten Reisen zu entfachen. Nach der Wichtigkeit Ihrer Arbeit wäre das der größte Erfolg, den meine schwachen Arbeiten erreichen konnten.

Die Werke sind nur gut, soweit sie bessere entstehen lassen."

Alexander v. Humboldt: an Darwin

Sanssouci, 18. September 1839

„Wenn demnach die sogenannte „beschreibende Poesie" als eine für sich bestehende Form der Dichtung mit Recht getadelt worden ist, so trifft eine solche Missbilligung gewiß nicht ein ernstes Bestreben die Resultate der neueren inhaltreicheren Weltbetrachtung durch die Sprache, d.h. durch die Kraft des bezeichnenden Wortes, anschaulich zu machen…

Die Araber sagen figürlich und sinnig, die beste Beschreibung sei die „in welcher das Auge zum Ohr umgewandelt wird".

Alexander von Humboldt: „Kosmos"

El Greco

Geschmack, Geruch, Gesicht, Gehör

Kälte-Warm-Gefühl

....

ich öffne alle Sinne, pack' sie aus

Gespür addier ich heimlich

und Zweifel

wie Vereinigung und Widerspruch

Haß und Liebe, die Liebe sind und Haß

ob sieben oder neun

alle Sinne

Ich mache eine Rechnung auf

El Greco

schau dir in die Bücher

„Was Feuer wild in Felsgebirg erzeuget,
in ungeheuren Massen aufgeschichtet,
daraus Gestalt hervor dem Künstler steiget;
die edle Form den rohen Stoff vernichtet."

Wilhelm von Humboldt: „Sonette 440"

Bildhauer aus ...

Griechen waren's. Sie meißelten
Poseidon zu ehren dessen Pferde
deren Beine durch Wasser laufen,
nicht über Steine
Ein solches Pferd reitend ein Kind
aus der schwarzen Provinz Arsinoe
(wie ein Geschichtsbericht schaut es aus) und
die Pferde des Achills
(Sie liebten den Lenker, liebten den Herrn
waren tausendfach über tote Trojer gestiegen)
als sie Patroklos aber getötet sahen, sie
begannen zu weinen
ließen freien Lauf ihren Tränen
Griechen meißelten dies
aus Steinen

Stürzende Flüsse

I.

Eben Schnee noch
Mais dann und Weizen
Seufzer befahren
Von Irrlichtern
Schreien
Hoffnung und Klage die einen
Andere Schmutz nur und Blut
Und
Immer wieder mit Bangen
Aus Liebe gezupfte Blüten
Treibgut zum Meer

II.

Stürzen die Sterne
Schützt uns kein Haus
Ein einziger Lichtschrei
Ist dann die Nacht

„Wie unwirtbar macht
europäische Grausamkeit die Welt!"

Alexander von Humboldt:

„Reisetagebuch, 29. März 1801"

„Die peruanische Theokratie war wohl weniger drückend als die Herrschaft der mexikanischen Könige; doch die eine wie die andere haben dazu beigetragen, den Monumenten, dem Kultus und der Mythologie zweier Bergvölker jenen trüben, dunklen Charakter zu verleihen, der im Gegensatz zu den Künsten und den süßen Fiktionen der Völker Griechenlands steht."

Alexander von Humboldt: „Vues des Cordillères, 1810"

Widerstehen

Und jeder Seufzer ist
Ein unterdrückter Schrei
Jedes Lidersenken
Schützt den Augenblitz
Nährt der Fackel Glut
Und nach einer Nacht der Nächte
Werden eines heißen Tages
Sich die Augen öffnen
Branden wird die Flut

„Die Natur muss gefühlt werden; wer nur sieht und abstrahiert, kann ein Menschenalter, im Lebensgedränge der glühenden Tropenwelt, Pflanzen und Tiere zergliedern, er wird die Natur zu beschreiben glauben, ihr selbst aber ewig fremd sein. In der Fähigkeit die Natur zu fühlen, liegen Heil und Unheil gepaart. Schweifen die Gefühle wild umher, so entstehen Naturträume, die Pest dieser letzten Zeiten!“

Alexander v. Humboldt: an Goethe

Jena, 3.Januar 1810

Humboldts Schmetterlinge

Die ersten Strahlen wärmender Phantasie
kitzeln aus der unscheinbarsten Puppe noch
einen Traum von Schmetterling.

*****

Wenn Schmetterlinge weinen
Erstarrt ihr Flug, sie falten die Flügel
Zu farblos und schließen die Augen
Still - die Schmetterlinge weinen

Zweimal Zhuangzi[1]

Der Schmetterlingstraum

„Einst träumte Zhuan Zhou, dass er ein Schmetterling wurde, der beschwingt umherflatterte. Er hatte Freude an sich und er paßte zu seinen Regungen.

Dabei wußte er nicht, daß er Zhuang Zhou war. Plötzlich wurde er wach; da war er Zhuang Zhou – ganz eindeutig nur dieser.

Nun weiß man nicht, ob es Zhuang Zhou war, der geträumt hat, er sei ein Schmetterling geworden, oder ob es ein Schmetterling war, der geträumt hat, er sei Zhuang geworden.

Es gibt aber gewiß zwischen Zhuang Zhou und einem Schmetterling einen Unterschied.“

Die schöne Li war die Tochter eines Grenzwärters ...

„Erst bei einem großen Erwachen werden wir wissen das dies ein großer Traum war.

Nur die Narren meinen, sie seien wach, und maßen sich an, klar zu unterscheiden, wer Fürst und wer Schäfer ist – wie stumpf ist das doch!

Konfuzius und du, ihr seid beide Träume; und daß ich dich einen Traum nenne ist auch ein Traum. ... vielleicht wird in zehntausend Generationen ein Berufener auftreten, der es versteht, solche Worte zu erklären, und das wird dann sein, als sei es zwischen Morgengrauen und Abenddämmerung geschehen.“

[1] Zhuangzi „Mit den passenden Schuhen vergisst man die Füße“ - ein Zhuangzi-Lesebuch

Im ersten Band der *Horen* findet sich eine Erzählung **Alexander von Humboldts** *„Die Lebenskraft oder der rhodische Genius"* neben einem Beitrag von **Wilhelm**, der sich speziell mit seiner Heterosexualität, seiner *„organischen Natur des Menschen, Unterschiede der Geschlechter die zur Verbindung bestimmt sind, Keim unruhevoller Sehnsucht, erst in einer Vereinigung ein harmonisches Ganzes erschaffen"*. Nur als Liebender vermochte Wilhelm die Gewissheit *„seines doppelten Seins"* zu erfassen.
Alexander zeigt diesen *Genius* in seiner Erzählung in zwei Bildern. Wobei auf dem ersten der Genius genau diese Verbindung verhindert:

„Tretet näher um mich her, meine Schüler, und erkennet im rhodischen Genius, in dem Ausdruck seiner jugendlichen Stärke, im Schmetterling auf seiner Schulter, im Herrscherblick seines Auges das Symbol der Lebenskraft, …" Erhoben hat er seine Fackel, sein Gesicht.

Auf dem zweiten Bild ist die Fackel ausgebrannt, sein Haupt gesenkt, der Schmetterling davongeflogen, es ist ein Bild des Todes.

„Nun reichen sich Jünglinge und Mädchen fröhlich die Hände. Nun treten die irdischen Stoffe in ihre Rechte ein. Der Fessel entbunden, folgen sie wild, nach langer Entbehrung, ihren geselligen Trieben;

Der Tag des Todes wird ihnen ein bräutlicher Tag."

Für Alexander schien diese Erzählung nicht nur literarische Spielerei, ein Versuch zu sein, denn wir finden in späteren Werken Verweise darauf, die wissenschaftliche Hintergründe dafür beleuchten helfen.

A bis Z

Aberwitzig verglühte Schatten
Die Falter der Nacht sterben am Licht
Sie sind lange verloren
Die glückseligen Inseln
Die Stadt im Dschungel
Ein Irrlicht in der Finsternis Amazoniens
Das Beste aus tausend Welten
Sollte vereint dort sein

Wenn mich lichte Momente
Bedrängen das spiegelrichtige Bild
Zu erkennen den besten Weg
Leuchtet mir ein
Inseln entdecken ist träumen
Von der geheimnisvollen Stadt Z

„In den heroischen Zeiten der portugisischen und castilischen Volksstämme führte nicht Goldedurst allein …, sondern allgemeine Aufregung zu den Wagnissen ferner Reisen.

Die Namen **Haiti, Cubagua und Darien** wirkten, … auf die Einbildungskraft der Menschen wie in den neueren Zeiten die, seit Anson und Cook gefeierten Namen…"

Alexander von Humboldt: „Kosmos"

Inseln

Die eine
Die andere
Alle leben vom Licht
Aus dem Schatten heraus

Rügen kreide ich Caspar David an
Wie weit sein Meer
So hoch sein Himmel
Die Schwarze Insel
Neruda entriss sie der Nacht

Die geheimnisvolle und
Selbst die des Verderbens
Umspielt das Meer
Umspült das Licht

Natürlich, zur Insel ...

Mein König
Die einzige
Die bisher noch nicht entdeckt
Auf Euren Atlanten nicht vermerkt
Der Globus Obscura kennt sie nicht

Im Atlas der abgelegenen Inseln
Soll man sie finden
Als Werk aller Liebe ans Ende
Den Anfang gebunden

Noch liegt sie im Dunklen
Mein König
Liegt sie
Im Licht

Ich will sie uns finden
Gebt mir
Ein Schiff

Ein erhellendes Nachwort

Meine Pelle, die Haut, vermittelt mir oft mehr Wirklichkeit als meine Augen, selbst wenn sie stets Erster sind. Begreifen ist mir so eine Art Erobern, die friedlichste Art.

Martin Andersen Nexö formuliert: „Das dunkel Gesagte ist das dunkel Gedachte.“, Brecht: „... die im Dunklen sieht man nicht“ und Friedrich Wolf: „Scheinwerfer ist die Kunst ...“

Ich hoffe meine Versuche gelangen Worte zu „Licht“ zu „gestalten“ – Licht so zu „montieren“, dass es mindestens den Effekt eines entflammten Streichholzes in „dintenschwarzer“ Nacht hat, sich als allerkleinstes aller Lichter, vielleicht als Glühwürmchen, schenkt.

Den Anstoß zu dieser Arbeit gab ein Werk über die kubanische Literatur und der Einfluss von Alexander von Humboldts auf diese. Dort fand ich vieles des großen Wissenschaftlers auf seine einfachen menschlichen und künstlerischen Seiten bezogen und wunderschöne Formulierungen zum Licht, dem Himmel über Havanna, der Natur der Berge, Pflanzen und sympathische Schilderungen der Menschen sowie nachfolgende Einschätzung, die ich uneingeschränkt teile.

„Seine (Alexanders, J.P.) Reiseberichte zeugen von seiner doppelten Sensibilität als scharf beobachtender Wissenschaftler und als sinnlich – visuell, auditiv, taktil, sogar olfaktorisch und chemosomatisch – genießender Künstler ...“

Hans – Otto Dill „Zwischen Humboldt und Carpentier“

Bestätigung, sich die Humboldt-Brüder durchaus einmal „bei Lichte zu betrachten“ und sie weniger als die großen Wissenschaftler, denn vielmehr als die Menschen und Künstler zu sehen erhielt ich beim Nachlesen der Arbeiten einer Humboldtianerin, mit der ich über viele Jahre gemeinsamer Kommissionsarbeit in der Humboldt-Universität verbunden war. Der Anlass dazu war leider ihr plötzlicher Tod.

„Warum Licht als Gegenstand einer Vorlesung über Ästhetik? ... in der Wirklichkeit als wirkliche Realität vorkommt, was nicht selbstverständlich ist. ... Drei Zugänge:

Der erste ließe mich nach Sonne und Licht als Symbol fragen, ... über das Lichtvolle oder Leuchtende als Erhellung nachdenken, ... Der zweite ... nach der Darstellung von Licht und deren Bedeutung in der Kunst fragen: Hell-Dunkel-Kontraste, Lichtquellen als Zeichen, vor allem aber natürliche Farbwerte als Lichtwerte. ... Der dritte ... Belichtung und Beleuchtung ... rückte Ästhetik an Technikgeschichte, aber auch an sozialwissenschaftliche Fragen heran...“

Karin Hirdina „Belichten. Beleuchten. Erhellen.“

Öffentliche Vorlesung 17. Mai 1995

Am angegebenen Ort zitiert Frau Hirdina den italienischen Philosophen Massimo Scaligero: „Das Erglänzen der Natur ist nur ein Gleichnis für das zu findende Licht. ... Das Denken muß wieder Licht werden ...“ und wandelt ein Adornowort zu:

„ ... nichts, was die Ästhetik betrifft, ist selbstverständlich, bei Lichte besehen auch nicht das Licht.“

Bildnachweis:

S. 6	privates Foto "Humboldthaus in Havanna"
S. 21	Minotaurus Josè Pablo Quevedo, Peru/BRD (Privatbesitz)
S. 26	Kometenformen (Universitätsbibliothek)
S. 33	Ramon y la nina de azul Josè Pablo Quevedo, Peru/BRD (Privatbesitz)
S. 49	ohne Titel 4 x Eladio Ruiz Cerna, Peru (Privatbesitz)
S. 50	privates Foto „Vulkan"
S. 58	Die Höhle der Guancharo (Universitätsbibliothek)
S. 59	Bird of life Lida Sherafatmand, Iran Kopie (Privatbesitz)
S. 70	Blumenmädchen Indigene Malerei, Peru (Privatbesitz)

S. 79	Alexanders Rußlandreise
	(Universitätsbibliothek, Kustodie)
S. 83	Hands of friendship
	Lida Sherafatmand, Iran
	Kopie für Ausstellung im Besitz des Autors
S. 112	Alexanders Schmetterlinge (Universitätsibliothek)

Biographische Daten

1954 in Potsdam geboren, als ältestes von sechs Kindern

Aufgewachsen in Luckenwalde

1973 Abitur

NVA, Kristallographiestudium (nicht beendet)

Dienst an der Staatsgrenze der DDR

Fachschulstudium, Bibliotheksfacharbeiter

Verheiratet, zwei Kinder

Seit 1990 Obermagaziner der Zentralen Universitätsbibliothek

der Humboldt-Universität zu Berlin

„in guter Gesellschaft“

erster eigener Gedichtband

2004, Nora-Verlag Berlin

„stürmische Umarmung“

Gedichte aus 2005 und 2006 zu Griechenland

2007, Nora-Verlag Berlin

„Infinitamente Azul y Sabor a Cacao“

mehrsprachige Ausgabe

2007, Ediciones Aedosmil Universal, Lima

Frühe Veröffentlichungen und erste Artikel schon in der Schulzeit; Später verstärkt Lyrik in der Zeitschrift „neues leben“, in verschiedenen Anthologien während der Armeezeit, in diversen Zeitungen wie z.B. „Hellersdorfer“, „Humboldt“, aber sehr sporadisch

Seit 1998/99 gibt es öfter Publikationen zum Beispiel in Anthologien wie

- Nationalbibliothek des deutschsprachigen Gedichtes, ausgewählte Werke

- der Anthologie der Frankfurter Bibliothek der Brentanogesellschaft

- die Literareon Lyrik Bibliothek

Die für das 1. Internationale Festival der Poesie für den Frieden in Paris vom 19.09. bis 23.09.2007 miterarbeitete Anthologie „... am Leben gewinnen wir“ des Karlshorster Dichterkreises war für mich ein besonderer Höhepunkt.

Mit dem Werk „**Erborgtes Licht**“ versuche ich in Alexander und Wilhelm von Humboldt nicht nur die großen Wissenschaftler und Staatsmänner, sondern mehr ihre künstlerischen und menschlichen Seiten zu sehen.